ब्रांड आकर्षण के 5 मूल मंत्र

जानिए

पैकेजिंग

की कला

ब्रांड आकर्षण के 5 मूल मंत्र

जानिए

पैकेजिंग

की कला

मुकुल एम अग्रवाल

"द लीडिंग लैमिनेट एक्सपर्ट"

Worldwide Published by

Pendown Press

PENDOWN PRESS LLP
An ISO 9001 & ISO 14001 Certified Co.,
Regd. Office: 3767A, Kanhaiya Nagar,
Tri Nagar, Delhi-110035
Ph.: 8130886000, 9650072927, 8595249536
E-mail: info@pendownpress.com
Branch Office: 1A/2A, 20, Hari Sadan, Ansari Road,
Daryaganj, New Delhi-110002
Ph.: 011-45794768
Website: PendownPress.com

First Edition: 2023
Price: ₹299/-
ISBN: 978-93-5554-674-6

Layout and Cover Designed by Pendown Graphics Team
Printed and Bound in India by Thomson Press India Ltd.

धन्यवाद

मेरे पिता जी श्री मदन लाल जी अग्रवाल का

मेरी माँ श्रीमती प्रेमलता अग्रवाल का

मेरे भाई मोहित अग्रवाल का

मेरी पत्नी रीना अग्रवाल का

मेरे गुरु अक्षर जी का

एवं मेरे परिवार के सदस्यों का
जिनका साथ, सहयोग और समर्थन
हमेशा मेरे साथ रहा है।

विषय-सूची

- क्या आपकी पैकिंग को मार्केट में सराहा नही जा रहा है?
- क्या आपके प्रॉडक्ट्स की बिक्री की ग्रोथ में रुकावट महसूस हो रही है?
- क्या आप पैकिंग को लेकर चिंतित हैं या कन्फ्यूजन में हैं?
- क्या आप अपनी पैकिंग की डिजाइन को लेकर परेशान हैं?
- क्या आप अपने ब्रांड को लेकर परेशान हैं?

कैसे इन समस्याओं से छुटकारा पाएं?

मेरा नाम मुकुल मदन अग्रवाल है। मैं एक संयुक्त परिवार से हूँ जिसे 'जगन्नाथ परिवार' के नाम से जाना जाता है। मैंने 2005 में B.COM से स्नातक किया है। मेरे पिताजी का चोमूँ मंडी में सन् 1980 से अनाज का कारोबार है, लेकिन मेरा सपना था कि एक बड़ी फैक्ट्री हो, बहुत से लोग काम करते हों, बड़ा प्लांट आदि।

इसलिए मैंने ग्रेजुएशन की पढ़ाई पूरी करने के बाद प्लास्टिक मैन्युफैक्चरिंग यूनिट में अपने चाचा जी के साथ ट्रेनिंग शुरू कर दी। हमेशा से मेरा सपना बाजार में सबसे अच्छी पैकेजिंग देना रहा है। मैंने लैमिनेट के बारे बहुत अधिक जानकारी घूम घूम कर हासिल की है जो कि मैं अपने ग्राहकों के साथ साझा करता हूँ ताकि वे सभी अपने व्यवसाय में तेजी से आगे बढ़ें।

मैंने देश-विदेश में कई सारी प्रदर्शनियों में भाग लिया है, वहां से काफी ज्ञान और तजुर्बा ग्रहण किया है, नई-नई टेक्नोलॉजी के बारे में समझा है। उन पर रिसर्च भी किया है जिसका लाभ मैंने बाजार में ग्राहकों को भी दिया है। मैंने अपनी इंडस्ट्री में भी बहुत-सी प्रदर्शनी लगाई हैं। इस इंडस्ट्री में मेरे सहयोग व उपलब्धियों के कारण मुझे कई अवार्ड भी प्राप्त हुए हैं जिसके परिणामस्वरूप मुझे इंडस्ट्रीज में जाना जाने लगा है और मैं एक बड़ा नाम बन चुका हूँ। मेरी इस लैमिनेट इंडस्ट्रीज में ग्राहक मुझे एक अर्थॉरिटी मानने लगे हैं, कंपनियां मुझसे अपने ब्रांड लोगो के बारे में सुझाव लेती हैं और मुझे उनको सुझाव देने में बहुत खुशी व गर्व महसूस होता है।

आप यह सोचकर आश्चर्य कर रहे होंगे कि मैं इस पुस्तक के जरिये अपने ज्ञान और एक्सपर्टीज को साझा करने का प्रयास क्यों कर रहा हूँ।

इसका बड़ा ही सरल उतर यह है कि मैं भारत देश के इस समाज को कुछ लौटाना चाहता हूँ जिसके कारण मेरी पहचान बनी है। मैं अपनी टीम, ग्राहकों, खरीददारों, सप्लायर्स के प्रति आभार प्रकट करता हूँ जिन्होंने मेरा निरंतर सपोर्ट किया, ध्यान रखा, सम्मान दिया, और पैकेजिंग के उद्योग जगत में एक बड़ा नाम कमाने में मेरी मदद की। इसके साथ ही उन्होंने बड़े विश्वास के साथ मेरा नाम बाजार में अन्य को भी रेफर किया जिसके कारण मेरे प्रति लोगों का भरोसा भी बढ़ा और मेरा कद बढ़ता ही चला गया।

मेरा सपना है कि मैं 1000+ ब्रांड को सफलता के शिखर पर ले जाऊँ और वो ब्रांड मार्केट में ख्याति प्राप्त करे। यह किताब एफ.एम.सी.जी. निर्माण ईकाइयाँ, बीज क्षेत्र के उद्योग, खाने-पीने की चीजों से जुड़े उद्योग के मालिक और ऐसा कोई सा भी उद्योग जहाँ लैमिनेटेड पाउच का उपयोग है, उन सबके लिए बेहद उपयोगी साबित होगी।

मैं आपसे यह वादा करता हूँ कि अगर आप इस पुस्तक में बताई गई बातों का सही तरीके से पालन करते हैं तो इससे आपके बिजनेस में बहुत बड़ा परिवर्तन आएगा जिससे यह तीन गुना तक बढ़ सकता है। साथ ही इससे आपका जीवन और अधिक खुशहाल बन जाएगा और आप एक ऐसा जीवन जीने लगेंगे जिसका सपना आप अक्सर देखते होंगे।

काफी लंबी रिसर्च, ढेर सारे सेमिनार एवं वर्कशॉप में भाग लेने के बाद और बहुत सारी धनराशि, समय और परिश्रम करने के

बाद, मैंने मेरे उधमी व्यापारी भाइयों के लिए यह रूपरेखा तैयार की है।

इसी कारण मैंने यह निर्णय लिया कि जो ज्ञान और सीख मुझे मिली है, वह सभी मैं एक पुस्तक के रूप में संकलित करूँ ताकि अन्य लोग इसका लाभ उठाकर अपनी मन पसंद जिंदगी जी सकें। अगर आप इस पैकेजिंग उद्योग में नवीनतम परिवर्तन एवं पैकेजिंग की इस कला को स्वीकार नहीं करते हैं तो आपको शत प्रतिशत नुकसान होने वाला है। इस कला का ज्ञान न होना और इसके अभाव में व्यापार चलाने के कारण वह सही से नहीं चल पाते हैं और थोड़े ही समय में बंद हो जाते हैं और आने वाली नई पीढ़ी भी आपकी विरासत को आगे नहीं बढ़ा पाती है।

कहानी

मैं 2005 से इस प्लास्टिक उत्पादन उद्योग में हूँ। मुझे हमारी मूल कंपनी जगन्नाथ पॉलीमर्स में उत्पादन कार्य में तकनीकी उत्पादन टीम के साथ सुबह 8:00 बजे से रात 8:00 बजे तक प्रशिक्षण दिया गया था। मैंने इंजीनियर, प्लांट ऑपरेटर, और यहां तक कि लेबर तक के साथ भी काम किया है, इसी कारण मुझे प्लास्टिक के बारे में गहरी समझ है।

लेकिन मार्केटिंग क्षेत्र में मेरी शुरू से ही दिलचस्पी थी इसीलिए मैंने बाजार का दौरा किया और अपनी मूल कंपनी की बिक्री बढ़ाई और हमारे क्षेत्र जयपुर में बड़े-बड़े ब्रांड के साथ काम किया। यह सिलसिला 2005 से 2007 तक चला।

इसी दौरान 2006 में मैंने प्लास्ट इंडिया प्रदर्शनी में भाग लिया और प्लास्टिक की एक नई दुनिया और लचीले पैकेजिंग उद्योग के भविष्य का दौरा किया। वहाँ मैंने पाया कि इस दुनिया में तो अभी बहुत कुछ होना बाकी है और वहीं मैंने निर्णय लिया कि इस व्यापार को फ्लेक्सिबल लैमिनेट इंडस्ट्री में कुछ और नया करते हैं। फिर हमने पारिवारिक निर्णय लिया और मुझे फ्लेक्सिबल लैमिनेट प्लांट लगाने का काम सौंपा गया।

मैंने सन 2007 में 'श्री श्याम पैकेजिंग' नाम से एक नया उद्यम शुरू किया। उस समय मैंने केवल एक लैमिनेशन प्लांट शुरू किया और 30 एमटी सालाना बिक्री हासिल किया। मैंने प्रिंटिंग का काम

दूसरी कम्पनी में जॉबवर्क पर शुरू किया और साल-दर-साल यह बढ़ता रहा। 2010 में मैंने एक हाई स्पीड नई रोटो ग्रेवीयर प्रिंटिंग मशीन खरीदी और कई नवीनतम मशीनरी का विकास करते रहे। जैसे-जैसे मार्केट बदलता गया वैसे-वैसे मशीन का आविष्कार करते रहे।

और आज मुझे यह कहते हुए गर्व का अनुभव हो रहा है कि मेरे पास जो तजुर्बा, डिजाइन व लोगो का ज्ञान विकसित हुआ है वो मैंने 100+ सर्टिफाइड ब्रांड ऑनर्स के साथ लाभदायक रेंज और सर्वोत्तम सेवाओं के साथ 800 एमटी सालाना बिक्री हासिल कर लिया है।

मैं इस पुस्तक को इस बाजार में ब्रांड ऑनर्स को विकसित करने, या एक नई पैकेजिंग रेंज लॉन्च करने में मदद करने के लिए लिख रहा हूँ। मुझे पैकेजिंग लोगो और डिजाइन के बारे में काफी अच्छी जानकारी है जो मैंने कई मूल्यवान पाठ्यक्रमों और पैकेजिंग न्यू कॉन्सेप्ट, मार्केट केस स्टडी आदि से सीखी है ताकि मैं 'ब्रांड ओनर्स' के विकास में मदद कर सकूँ।

इस पुस्तक से आपको क्या-क्या प्राप्त होगा?

अगर आप इस पुस्तक में बताई गई रणनीतियों का ध्यानपूर्वक अनुसरण करते हैं तो आप बड़ी सफलता की ओर अग्रसर होते जाएंगे और आपको लाभ की प्राप्ति एवं नए-नए व्यापार के अवसर भी मिलेंगे।

इस पुस्तक में आपको कुछ रोचक एवं सरल नुस्खे सीखने को मिलेंगे ताकि आपका व्यापार आगे बढ़ता जाए और आपके ग्राहक आपसे खुश रहें।

यह पुस्तक पैकेजिंग जगत के लिए लिखी जा रही है जो कि ब्रांड ओनर्स के लिए काफी मददगार होगी जिससे कि वे मार्केट में अपनी एक अलग ही छवि बनाने में कामयाब होगें। इस पुस्तक में मैंने 8 सुंदर पाठों के द्वारा पैकेजिंग की कला के बारे में प्रकाश डाला है जो कि इस ज्ञान को समझाने में मदद करेगी।

मुझे पूरा विश्वास है कि ये पाठ आपके व्यापार को सही रास्ते पर ले जाने में सफल होंगे, तो अब आगे किसी विस्तार में जाने के बगैर चलिए इन 8 पाठों के बारे में जानकारी हासिल करते हैं।

आपका लीडिंग लैमिनेट एक्सपर्ट

मुकुल एम अग्रवाल

जानिए पैकेजिंग की कला के बारे में

पैकेजिंग कला एक विज्ञान है जिसका उद्देश्य उत्पाद को सुरक्षित रखना और उसे ग्राहकों तक पहुंचाना है। यह एक समर्थन प्रदान करता है जो उत्पादों को अपडेटेड रखने, मानचित्रीकरण करने और ब्रांड की पहचान को बढ़ाने में मदद करता है। पैकेजिंग कला का आदान-प्रदान विविधता और आकर्षण प्रदान करता है, जिससे ग्राहकों का ध्यान आकर्षित होता है और उनमें उत्पाद के प्रति रुचि पैदा होती है।

पैकेजिंग कला में उच्च क्षमता, दृढ़ता, रंग, आकार, संरचना, साहसिकता और पर्यावरण संरक्षण के मापदंडों का पालन किया जाता है। उच्च गुणवत्ता वाली पैकेजिंग कला के द्वारा, उत्पाद को एक अद्वितीय पहचान दिया जाता है, जिससे उसकी बिक्री बढ़ती है और ग्राहकों के दिल में स्थान बनता है।

पैकेजिंग कला का महत्व आजकल व्यापार के लिए अनिवार्य हो गया है। यह उत्पादों को आकर्षक और अलग बनाकर उन्हें बाजार में प्रमुखता प्रदान करता है। यह व्यापारियों को अपने विपणन रणनीतियों को सफल बनाने में सहायता करता है और उत्पादों को प्रतिस्थापित करने में मदद करता है। पैकेजिंग कला का अच्छा उपयोग करके, व्यापारी अपने उत्पादों को ब्रांड के रूप में स्थापित कर सकते हैं और विपणन में सफलता प्राप्त कर सकते हैं।

अध्याय 1

फ्लेक्सिबल पैकेजिंग लैमिनेट की प्लास्टिक बाजार में 22% हिस्सेदारी

लैमिनेट पाउच (फ्लेक्सिबल पैकेजिंग) की भारत में सभी प्लास्टिक आइटम में से 22% की हिस्सेदारी है। यह जानकारी इंडियन पैकेजिंग इंडस्ट्री के डाटा से निकाला गया है। बचे हुए में अन्य प्लास्टिक आइटम आ रहे हैं।

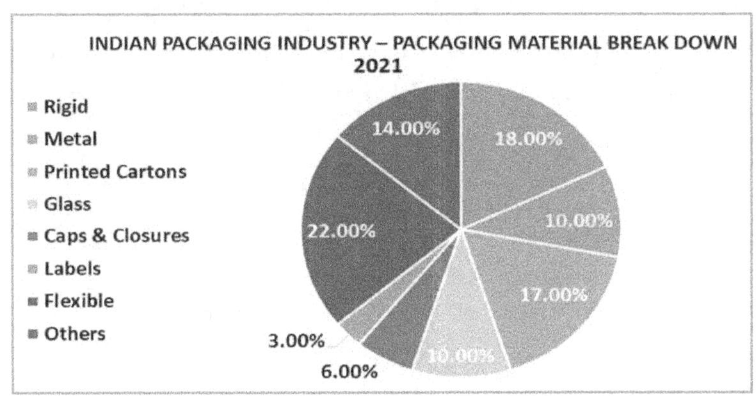

लैमिनेट पाउच (फ्लेक्सिबल पैकेजिंग) की बाजार में सबसे बड़ी खपत है जो कि फूड आइटम, सीड्ज पैकिंग, इंडस्ट्री आइटम पैकिंग और रोजमर्रा में आने वाले लगभग हर आइटम में लैमिनेट करने के काम में आता है। चाहे वह सुबह दूध की पैकिंग हो, रेडी टू

ईट खाने के आइटम हो, या फिर बिजली के स्विच पैकिंग आदि आज के युग में बिना प्लास्टिक के जीवन सम्भव नहीं है।

फ्लेक्सिबल लैमिनेट प्लास्टिक उद्योग में एक महत्वपूर्ण हिस्सा है। यह एक विशेष प्रकार का प्लास्टिक शीट है जिसे अलग-अलग प्रकार के उद्दीपकों और फिल्मों के संयोजन से बनाया जाता है। फ्लेक्सिबल लैमिनेट का उपयोग विभिन्न उद्दीपन उद्योगों में, जैसे फूड एवं बेवरेज, फार्मास्युटिकल, सौंदर्य और व्यक्तिगत देखभाल, इलेक्ट्रॉनिक्स, और इंडस्ट्रियल उद्योग में किया जाता है।

फ्लेक्सिबल लैमिनेट की लोकप्रियता उसकी युथ्थपनता, संरक्षण और आकर्षक रंगों के कारण है। यह उत्पादों को धूल, तापमान और वायु प्रवेश से बचाकर उनकी दरारों से बचाने में मदद करता है। इसके साथ ही, फ्लेक्सिबल लैमिनेट एक सामर्थ्यशाली और अर्थव्यवस्था-मित्र उपाय है जो बहुउद्दीपक पैकेजिंग के लिए प्रयोग किया जाता है। इसके इतने विशिष्ट उपयोग और लाभों के कारण, फ्लेक्सिबल लैमिनेट ने प्लास्टिक उद्योग में अपनी जगह बना रखी है।

अध्याय 2

फ्लेक्सिबल लैमिनेट
पर्यावरण के प्रति सहज है

फ्लेक्सिबल लैमिनेट पैकेजिंग पर्यावरणीय स्थिरता के प्रति अपनी प्रतिबद्धता दिखाने वाले लैमिनेट उद्योग में एक महत्वपूर्ण रोल निभाती है। यह उत्पादों की सुरक्षा और बाजारीयता के साथ-साथ पर्यावरण की संरक्षा भी सुनिश्चित करती है।

फ्लेक्सिबल लैमिनेट की पारितंत्रिकता उत्पादों के विनिर्माण, पैकेजिंग और उपयोग के विभिन्न अंशों में महत्वपूर्ण है। यह उत्पादों को सुरक्षित रखने के साथ-साथ उत्पाद के जीवनकाल को भी बढ़ाती है। इसके अलावा, यह पर्यावरण को हानि पहुँचाने वाले तत्वों के प्रभाव को भी कम करने में मदद करती है।

फ्लेक्सिबल लैमिनेट के उत्पादन में पारितंत्रिकता का महत्वपूर्ण तत्व सामग्री का चयन है। पारितंत्रिक सामग्री का उपयोग करके हम सुनिश्चित करते हैं कि पैकेजिंग के उत्पादन और उपयोग के दौरान पर्यावरण पर कम से कम असर पड़े है। इसके लिए, बायोडिग्रेडेबल या रिसाइक्लेबल सामग्री का उपयोग किया जाता है जो पर्यावरण में घातक प्रभाव को कम करती हैं। यह पैकेजिंग के उत्पादन और उपयोग में एक संवेदनशील विकल्प प्रदान करता है, जो पर्यावरण

को हानि पहुँचाने वाले प्लास्टिक के उपयोग को कम करने में मदद करता है।

फ्लेक्सिबल लैमिनेट की पारितंत्रिकता का एक और महत्वपूर्ण पहलू उत्पादों की विनिर्माण प्रक्रिया में प्राकृतिक संसाधनों की बचत करना है। उत्पादन प्रक्रियाओं में ऊर्जा उपयोग को कम करने और प्रदूषण कम करने के लिए उन्नत तकनीकों का उपयोग किया जाता है। जल प्रबंधन की तकनीकों का उपयोग करके, पानी की बचत की जा सकती है और जल संसाधनों को संरक्षित रखा जा सकता है। कार्बन उत्पादन को कम करने के लिए और उच्च गुणवत्ता और पर्यावरण सुरक्षा की दिशा में उन्नत तकनीकों का उपयोग करके, हम सामरिक प्रयासों का हिस्सा बन सकते हैं।

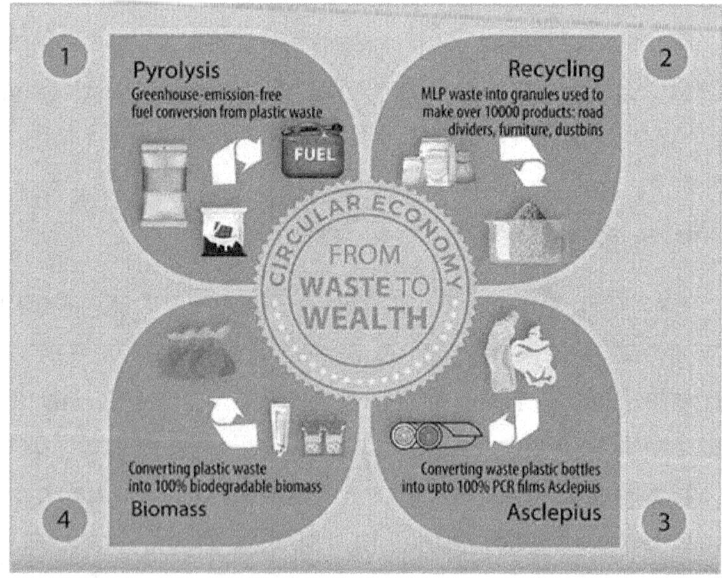

अध्याय 3

फ्लेक्सिबल लैमिनेट रीसाइक्ल योग्य है

जी हाँ, फ्लेक्सिबल लैमिनेट पैकेजिंग रीसाइकल किया जा सकता है। एक महत्वपूर्ण पारितंत्रिकता पहलू के रूप में, यह पैकेजिंग सामग्री को बायोडिग्रेडेबल या रिसाइक्लेबल सामग्री से बनाया जा सकता है, जिससे इसका प्रभाव पर्यावरण पर कम होता है। जब यह पैकेजिंग अव्यावहारिक हो जाती है, उसे धौल में घिसा जा सकता है और उसे रिसाइकल करने के लिए वापसी कर सकते हैं। इससे लैमिनेट पैकेजिंग का उपयोग बढ़ता है और पर्यावरण के साथ बेहतर संगत होता है।

रीसाइकल की प्रक्रिया में, फ्लेक्सिबल लैमिनेट पैकेजिंग को बर्तनों, कागज, या अन्य प्रक्रिया में भट्टों में भागीदारी कराई जा सकती है। इसमें उपयोग होने वाली चिपचिपी सामग्री जैसे कि एल्यूमीनियम फॉयल या प्लास्टिक को अलग करने के लिए विशेष प्रक्रिया का उपयोग किया जाता है। इसके बाद, शुद्ध और अवशेष रहित सामग्री को रिसाइकल करने के लिए उपयोग किया जाता है। यह प्रक्रिया पैकेजिंग सामग्री को नए उत्पादों के रूप में बदलती है, जिससे उत्पादों के जलयान और खपत को कम करने में मदद मिलती है।

फ्लेक्सिबल लैमिनेट की रीसाइकलिंग के माध्यम से हम प्रकृति के संसाधनों की बचत करते हैं और पर्यावरणीय मानकों का पालन करते हैं। यह सुनिश्चित करता है कि उत्पाद का जीवनकाल बढ़ाया जा सके और नवीनतम पैकेजिंग प्रक्रियाओं में कम प्रदूषण उत्पन्न हो। इसके अलावा, इससे एक साइकल ऑफ उपयोग और पुनर्चक्रण का भी प्रोत्साहन मिलता है, जो अवसादी रिसाइक्लिंग प्रणाली के तत्वों को सुदृढ़ करने के लिए महत्वपूर्ण है।

इस प्रकार, फ्लेक्सिबल लैमिनेट की रीसाइकलिंग एक प्रमुख पारितंत्रिक पहलू है जो प्रोडक्ट्स के सामरिक और पर्यावरणीय मानकों के प्रति अपनी जिम्मेदारी को पूरा करता है। इससे हम प्रकृति के संसाधनों की बचत करते हैं, पर्यावरण को हानि पहुँचाने वाले तत्वों को कम करते हैं, और सतत उत्पाद चक्र को प्रोत्साहित करते हैं।

अध्याय 4

ब्रांड को पसंदीदा कैसे बनाएं?

सबसे पहले आपको अपनी ब्रांड के उद्देश्यों को स्पष्ट रूप से पहचानना होगा। इससे आप अपने लक्ष्य और मिशन को समझ सकेंगे और अपने ब्रांड को इस दिशा में विकसित कर सकेंगे।

यहाँ कुछ 10 ऐसे टिप्स दिए गए हैं जिनकी मदद से आप अपने ब्रांड की एक अलग तरह से छाप छोड़ सकेंगे:

1. **स्पष्ट और स्थिर ब्रांड विश्वास बनाएं:** ब्रांड को पसंदीदा बनाने के लिए, आपको एक स्थिर और विश्वसनीय ब्रांड बनाने का प्रयास करना होता है। अपने उत्पादों या सेवाओं की गुणवत्ता और विश्वासनीयता को बढ़ावा दें ताकि लोग आपके ब्रांड पर विश्वास कर सकें।

2. **लक्ष्य और अद्भुत ब्रांड संदेश:** अपने ब्रांड को विशेष और यादगार बनाने के लिए, आपको एक अद्भुत और स्पष्ट ब्रांड संदेश को दुनिया के साथ साझा करना होता है। यह संदेश आपके उत्पादों और सेवाओं के लाभों को बताना चाहिए और लोगों के दिलों में स्थायी रूप से बैठना चाहिए।

3. **ब्रांड डिजाइन:** एक आकर्षक और पहचाने जाने वाले ब्रांड डिजाइन का चयन करें। आपके ब्रांड के लोगो, रंग, और टाइप-फ़ेस आपके ब्रांड की पहचान को बढ़ावा देते हैं और

उपभोक्ताओं के दिमाग में ब्रांड को स्थायी रूप से जड़ देते हैं।

4. **कस्टमर एक्सपीरियंस:** ब्रांड को पसंदीदा बनाने के लिए, आपको उपभोक्ताओं के लिए एक अद्वितीय और सुविधाजनक ग्राहक अनुभव प्रदान करना होगा। उत्पाद या सेवाओं की गुणवत्ता के साथ-साथ उपभोक्ताओं के साथ संवाद करने और उनकी आवश्यकताओं को पूरा करने के लिए प्रतिबद्ध रहना महत्वपूर्ण है।

5. **सोशल मीडिया और ऑनलाइन प्रिजेंस:** सोशल मीडिया और ऑनलाइन प्रिजेंस को अपने ब्रांड को प्रमोट करने के लिए उपयोग करें। आपके ब्रांड को सोशल मीडिया पर विपणन करने के लिए विशेषज्ञता वाले टीम का चयन करें और लोगों के साथ संवाद करने का प्रयास करें।

6. **अपने ब्रांड की कहानी साझा करें:** लोग कहानियों से जुड़ते हैं, इसलिए अपने ब्रांड की कहानी को साझा करें। आपके ब्रांड की उत्पत्ति, उद्देश्य, और मिशन को लोगों के साथ साझा करने से उन्हें आपके ब्रांड से जुड़ने का अवसर मिलता है।

7. **संवेदनशीलता और सामाजिक सद्भावना:** आपके ब्रांड को पसंदीदा बनाने में, सामाजिक सद्भावना और संवेदनशीलता की भूमिका महत्वपूर्ण होती है। आपके ब्रांड की सामाजिक सरोकारिता और जागरूकता को प्रदर्शित करने से लोग आपके साथ जुड़ते हैं और आपके ब्रांड को समर्थन देते हैं।

8. **मार्केटिंग और प्रचारण का उपयोग:** आपके उत्पाद या सेवाओं का प्रचारण करने और उन्हें अधिक लोगों के पास पहुंचाने के लिए मार्केटिंग और प्रचारण का सही तरीके से उपयोग करें।

9. **प्रतिक्रिया सुनोः** उपयोगकर्ताओं से प्रतिक्रिया प्राप्त करना महत्वपूर्ण है। उनके सुझावों और फीडबैक को सुनने के बाद, आप अपने उत्पादों और सेवाओं को बेहतर बना सकते हैं और उपयोगकर्ताओं के साथ गहरा संबंध बना सकते हैं।

10. **संवेदनशीलता और उपयोगकर्ता की श्रेष्ठ रुचि का ध्यान रखेंः** अपने ब्रांड को पसंदीदा बनाने के लिए, आपको उपयोगकर्ताओं की रुचियों को और उनकी आवश्यकताओं को समझना महत्वपूर्ण है और उन्हें उन जरूरतों को पूरा करके संतुष्ट करने का प्रयास करना होगा।

इन सभी कदमों को साथ में लेकर, आप अपने ब्रांड को पसंदीदा और प्रतिस्थापित कर सकते हैं और उपयोगकर्ताओं के दिलों में ब्रांड को एक विशेष और अद्भुत रूप में बैठा सकते हैं।

अध्याय 5

जो दिखता है वही बिकता है

"**जो दिखता है वो बिकता है**" व्यापार में महत्वपूर्ण सत्य है। यह कहावत ब्रांडिंग और मार्केटिंग की महत्वता को दर्शाती है। यदि आपका उत्पाद आकर्षक नहीं है, तो लोग उसे ध्यान में नहीं रखेंगे और खरीदने की प्रेरणा नहीं महसूस करेंगे। इसलिए, आपको अपने उत्पाद को आकर्षक और यादगार बनाने के लिए उच्च-गुणवत्ता के मानकों का उपयोग करना होगा। इसमें बहुत सारी चीजें शामिल हो सकती हैं जैसे कि आकर्षक डिजाइन, उच्च-तकनीकी सुविधाएं, वास्तविकता और ग्राहकों के लिए मान्यता का दृष्टिकोण। अपने ब्रांड को विश्वास योग्यता और आकर्षण से सुसज्जित करके आप बिक्री और सफलता में वृद्धि कर सकते हैं।

मार्केटिंग का एक सिद्धांत है जिसका अर्थ होता है कि उत्पाद जो आकर्षक और प्रभावी ढंग से प्रदर्शित होता है, वह अधिक बिकता है। यह सिद्धांत लैमिनेट के मामले में भी प्रभावी होता है। लैमिनेट पैकिंग एक महत्वपूर्ण तत्व है जो उत्पादों को सुरक्षित रखने के साथ-साथ आकर्षक और पहचाने जाने वाली विशेषताओं को प्रदर्शित करती है।

उच्च गुणवत्ता वाली पैकेजिंग का उपयोग करें जो आपके उत्पाद को सुरक्षित रखे और आकर्षक दिखाए। अच्छी गुणवत्ता के साथ-साथ अच्छी संरचना और प्रयोग सुविधा भी दिखाएं ताकि ग्राहकों को आपके उत्पाद के प्रति विश्वास हो।

जैसा कि आप सब जानते हैं आपकी इंडस्ट्री में लैमिनेट पाउच की भूमिका बहुत ही अहम है, अभी पैकिंग का ही जमाना चल रहा है। बाजार में ग्राहक पहले पैकिंग को ही देखता है और अंदाजा लगा लेता है कि अंदर का माल कैसा होगा। पाउच के रोल का डिजाइन प्रोडक्ट की बिक्री में बहुत ही महत्वपूर्ण योगदान देता है।

पाउच पर अंदर पैक किए प्रोडक्ट्स की सारी जानकारी प्रिंट रहती है, जिससे ग्राहक को अंदाजा लग जाता है कि अंदर का माल कैसा है। चाहे वो उसके सामग्री (Ingredients) के बारे में हो या कौन, कब, कैसे, पैकेट में क्या-क्या है, इन सबके बारे में जानकारी छपी होती है जिससे ग्राहक प्रॉडक्ट्स के बारे में अपडेटेड रहता है।

आजकल नई-नई तकनीक आने से लैमिनेट बाजार में क्रांति आ गई है। हम प्रोडक्ट्स को पाउच में विंडो द्वारा दिखा सकते हैं ताकि ग्राहक को उसकी क्वालिटी के बारे में पता चल सके। लैमिनेट में वैक्यूम तकनीकी से फूड आइटम की क्वालिटी को हम एक लम्बे समय तक सुरक्षित रख सकते हैं।

आपको नीचे दिए गए चित्र के माध्यम से बताया जा रहा है कि कैसे डिजाइन बदलकर हम ग्राहक को आकर्षित कर सकते हैं।

अध्याय 6

बिक्री को बढ़ाने के लिए डिजाइन और लोगो (प्रतीक चिन्ह) का रोल क्या है?

डिजाइन

एक आकर्षक और यथार्थ डिजाइन ग्राहकों को आकर्षित करता है और उन्हें प्रोडक्ट को खरीदने के लिए प्रेरित करता है। यदि आपकी लैमिनेट पैकेजिंग का डिजाइन एकीकृत है, विशेष रंगों, ग्राफिक्स, और पैटर्न का उपयोग करता है जो ग्राहकों को दिखता है और आकर्षक लगता है, तो उन्हें उस प्रोडक्ट पर विश्वास और स्नेह की भावना होती है। इसलिए, एक अच्छा और आकर्षक डिजाइन किसी प्रोडक्ट की बिक्री में महत्वपूर्ण भूमिका निभाता है।

लोगो (प्रतीक चिन्ह)

एक लोगो व्यापारिक और उत्पादों की पहचान का मुख्य तत्व होता है। यह एक स्रोत होता है जो व्यापार और ब्रांड की पहचान कराता है। लोगो को आकर्षक, सरल और यादगार बनाना चाहिए ताकि ग्राहकों को उत्पादों की पहचान करने में आसानी हो। लोगो को उच्च क्वालिटी में बनाना चाहिए ताकि वह ग्राहकों को विश्वास और प्रतिष्ठा की भावना दे सके। इससे ग्राहक उत्पाद के ब्रांड और विशेषताओं के बारे में जागरूक होते है और उन्हें प्रोडक्ट्स की ओर आकर्षित किया जाता है।

एक यद्यपि छोटा परंपरागत चिन्ह, लोगो (प्रतीक चिन्ह) का महत्वपूर्ण योगदान प्रोडक्ट की पहचान और प्रिंटिंग को बढ़ाता है। लोगों के द्वारा व्यापारी या उत्पादक कंपनी की पहचान बनाई जाती है, जिससे उत्पादों को आसानी से पहचाना जा सकता है और उन्हें ब्रांड के साथ जोड़ा जा सकता है।

छोटे आकार के लिए, लोगो (प्रतीक चिन्ह) का उपयोग ब्रांडिंग को मजबूत करने के लिए किया जा सकता है। उच्च क्वालिटी और पहचानी जाने वाले लोगो के द्वारा, ब्रांड की गुणवत्ता, मान्यता और प्रतिष्ठा का संकेत दिया जा सकता है। यह ग्राहकों के विश्वास को बढ़ाता है और इन प्रोडक्ट्स को अन्य प्रोडक्ट्स से अलग बनाता है।

लोगो (प्रतीक चिन्ह) के माध्यम से, व्यापारी अपनी विशेषताओं, संकल्पना और मूल्य संदेश को प्रदर्शित कर सकते हैं। यह उत्पाद की विशेषताओं, स्थिरता और नयापन को दर्शाने में मदद करता है और ग्राहकों को एक अद्वितीय अनुभव प्रदान करता है।

लोगो (प्रतीक चिन्ह) एक लैमिनेट पैकेजिंग में ग्राहकों को एक विशेष और पहचानी जाने वाली विशिष्टता प्रदान करते हैं। यह ग्राहकों का ध्यान आकर्षित करता है और व्यापारी की प्रतिष्ठा और ब्रांडिंग को मजबूत बनाता है। इसलिए, लोगो (प्रतीक चिन्ह) का सुनिश्चित रूप से और विचारपूर्वक डिजाइन करना महत्वपूर्ण है ताकि आपका उत्पाद बाजार में पहचाना जा सके और उच्च बिक्री दर्ज कर सके।

उदाहरण-1

मैं यहाँ आपसे कुछ अनुभव साझा कर रहा हूँ। कोविड 2020 में इस 11:11 मास्क ब्रांड की बिक्री नहीं बढ़ रही थी। मैंने इस पैकिंग को देखा और मेरा अनुभव ग्राहक को बताया और ग्राहक ने भी मेरी बात सुनी, समझी और तुरंत ऐक्शन लिया। यकीन मानिए, 5 हफ्ते में 11:11 मास्क ब्रांड की बिक्री 3 गुना से अधिक बढ़ गई थी।

OLD DEISGN   **NEW SSP DESIGN**

उदाहरण-2

"गणगौर" ये हमारे जयपुर का बहुत ही प्रचलित ब्रांड है। ये ब्रांड गणगौर परिवार का 1974 से चला आ रहा है। मैंने इन्हें कई बार समझाया कि आपके डिजाइन में कुछ गड़बड़ है, मैं इसे बदलना चाहता हूँ। लेकिन सामूहिक परिवार में कोई निर्णय लेने में एक लम्बा समय निकल जाता है और यही उनके साथ हुआ। वे निर्णय नही ले पाए और मुझे कहा गया कि जैसा चल रहा है, चलने दीजिए।

लेकिन फिर काफी समय के बाद उन्होंने मेरी बात सुनी और मैंने उनकी डिजाइन में बदलाव किया जो कि आप डिजाइन में देख पा रहे हैं।

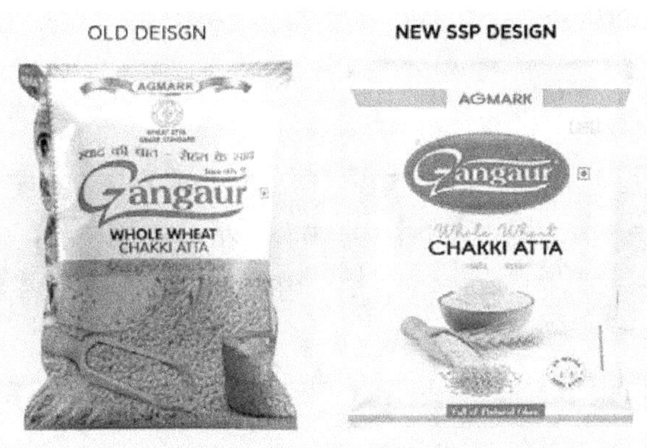

और उनकी बिक्री में काफी इजाफा हुआ। ये वो (डिजाइन की गलती) मानने भी लगे और मुझे उनके काफी प्रॉडक्ट्स की डिजाइन को सुधार करने का मौका भी मिला और मैंने सुधार भी किया और काम चालू है।

उदाहरण-3

"योगेश जी गुप्ता फतेहपुर निवासी का कहना है कि मेरा ब्रांड अमृत भोग आटा की डिजाइन चल रही थी। लेकिन मुकुल जी से मिलने के

बाद उन्होंने मुझे डिजाइन, ब्रांड, ब्रांड लोगो (प्रतीक चिन्ह) और कलर के विज्ञान के बारे में बताया और मेरी डिजाइन बदल दी। यकीन मानिए, उनकी नए पाउच के कारण बिक्री 2 गुणा से ज्यादा बढ़ गई और मार्केट में मेरे ब्रांड की तस्वीर ही बदल गई।"

उदाहरण-4

मुकुल जी से जुड़कर मैंने बहुत बढ़िया निर्णय लिया, क्योंकि मुझे पैकिंग के बारे में जानकारी ही नहीं थी कि कौन से कलर का इस्तेमाल करना है। मुकुल जी ने हमारे प्रोडक्ट्स की डिजाइन और पैकिंग बदल दी और बाजार में हमारे ब्रांड की एक अलग ही इमेज बन गई। हमारे ग्राहकों ने पैकिंग को बहुत ही पसंद किया।

श्रेयांश अग्रवाल, आदिनाथ ट्रेडिंग, जयपुर

अध्याय 7

किन रंगों के 'मिक्स' से बचना चाहिए?

लैमिनेट पैकेजिंग में कुछ ऐसे रंगों के मिक्स से बचना चाहिए जो आकर्षकता और पठनीयता को या उत्पाद की पहचान को प्रभावित कर सकते हैं। कुछ रंग संयोजन ऐसे होते हैं जो उत्पाद की प्रभावशीलता और पठनीयता को प्रभावित कर सकते हैं।

कुछ रंगों के 'मिक्स' ऐसे बनकर उभरते हैं जो वास्तविकता से दूर हो सकते हैं। इसलिए ऐसे मिक्स से बचें जो ग्राहकों को गंभीर रूप से गुमराह कर सकते हैं या उत्पाद की विशेषताओं को उभरने से रोक सकते हैं।

लैमिनेट पैकेजिंग में रंगों के संयोजन को सावधानीपूर्वक चुनने से आप अपने ब्रांड की प्रभावशीलता, पठनीयता, और पहचान सुनिश्चित कर सकते हैं। आपके ब्रांड की विशेषताओं, उत्पाद के उपयोग के माध्यम से और ग्राहकों की प्राथमिकताओं के आधार पर अनुकूल रंगों का संयोजन हो सकता है।

फ्लेक्सिबल लैमिनेट प्रिंटिंग की दुनिया बहुत ही बड़ी है। इसमें एक से बढ़ कर एक धुरंधर हैं। प्रिंटिंग जगत में कई निर्माताओं को कलर साइंस के बारे में पता ही नहीं है कि प्रिंटिंग में कौन से रंग का उपयोग कहाँ पर और कैसे और किस फोटो के साथ किया जाना चाहिए, ताकि उन प्रॉडक्ट्स को अपने क्षेत्र में ब्रांड को विकसित करने में मदद मिल सके।

मैं आपसे साझा करना चाहता हूँ कि मैंने इस विज्ञान पर काम किया और अपने ग्राहकों को उनके ब्रांड को बाजार में बढ़ने में मदद के लिए कई मूल्यवान कोर्स किये हैं और अभी भी इस पर रीसर्च चल रहा है। इसका लाभ मैं आपके ब्रांड लोगो (प्रतीक चिन्ह) के साथ साझा करता हूँ और आगे भी करता रहूंगा।

इसको समझाने के लिए मैंने एक example दिया है, यह बात आप गूगल पर जाकर भी सर्च करके देख सकते हैं।

अध्याय 8

क्या आपका स्टाफ (टीम) आपका साथ नहीं दे रहा है?

राय न लेना

हमेशा अपनी टीम में जोश बनाये रखें। हमेशा सबके सामने उनकी तारीफ करें। अगर किसी बात के लिए उनको डाँटना भी पड़े तो सबके सामने न डांटें।

बेहतरी के लिए अपने स्टाफ के विचार भी जाने क्यूंकि हर इंसान का दिमाग व विचार अलग-अलग होते हैं और वह नए तरीके ला सकते हैं।

सभी को एक साथ बैठाकर सामूहिक निर्णय लें ताकि सभी का टीम वर्क निकल कर साथ आये और काम मौखिक न बता कर लिख कर दें ताकि काम समय पर व अच्छे से पूरा हो सके।

सभी स्टाफ को ऑफिस ड्रेस (वर्दी) पहनना अनिवार्य होना चाहिए। एक रिसर्च से पता चला है कि इससे उनमें समानता, जिम्मेदारी, और सच्चाई की भावना का विकास होता है।

सही पहचान न दे पाना

किसी अच्छे किए गये काम को न पहचानना भी एक तरह से किसी का अनादर करने जैसा ही होता है। इसलिए आप और आपके

प्रतिष्ठान के लिए टीम के द्वारा किए गये छोटे से छोटे काम की भी सराहना करनी चाहिए।

प्रतिष्ठान पर हर रोज किसी भी तरह की प्रार्थना, राष्ट्रगान या फिर आशीर्वाद की याचना जैसे कार्य का आयोजन किया जाना चाहिए।

टीम में से किसी का भी जन्मदिन होने पर उसका सामूहिक व्यापार परिसर में जन्मदिवस उत्सव मनाना चाहिए और उस स्टाफ को मिठाई का एक डिब्बा देना चाहिए जो कि वो अपने घर पर ले जा सके, ताकि उसके घर पर आपकी कंपनी के लिए एक बढ़िया संदेश जा सके।

धन्यवाद प्रदर्शन न करना

किसी के प्रति धन्यवाद के शब्द बोलने में कोई पैसा खर्च नहीं होता और यह टीम के सदस्यों को प्रोत्साहित करने का काम करता है।

अपनी कंपनी को इतना अच्छा स्थान बनाये कि अधिक से अधिक स्टाफ के मन में आप के यहाँ काम करने की इच्छा पैदा हो।

साल में एक या दो बार कंपनी में टीम, स्टाफ और लेबर के साथ किसी भी खास दिन या त्योहार को एक उत्सव जैसा दिन मनाएं, हो सके तो उनके परिवार के सदस्यों को भी आमंत्रित करें और स्वयं के परिवार को भी बुलाएं। उस खास दिन पर पूजा व हवन करें एवं एक सामूहिक भोजन का आयोजन करें।

कभी-कभी आपके सफल प्रयासों के बावजूद भी अगर कोई स्टाफ काम का परिणाम नहीं दे पा रहा है, सुधार नहीं कर पा रहा है, तो उसे इज्जत के साथ विदा कर दें जिससे बाकी का स्टाफ सही काम कर सके।

क्या आपके माइंडसेट, लक्ष्यों और विश्वास में तालमेल नहीं है?

"जहां फोकस रहेगा, वहाँ एनर्जी का फ्लो भी होगा"

इस दुनिया में सारा खेल नजरिये का है, जिसे व्यू पॉइंट या दृष्टिकोण कुछ भी कह सकते हैं। मैं इसके बारे में इस पुस्तक में इसलिए लिख रहा हूँ कि आपके विश्वास की प्रक्रिया, लक्ष्य और नजरिया आपके जीवन को पूरी तरह से बदल देने वाले पहलू हैं।

अपने व्यवसायिक, निजी, पारिवारिक जीवन, एवं अपनी इच्छाओं के संबंध में अपने लक्ष्य को निर्धारित कीजिए। समय-समय पर इन लक्ष्यों की समीक्षा कर उन्हें अपडेट करते रहिए और इन लक्ष्यों की प्राप्ति के लिए रणनीति योजना भी बनाएं।

विश्वास का आपके जीवन पर बहुत गहरा प्रभाव पड़ता है। क्या आप जानते हैं कि "विश्वास ही आगे चलकर असली चीजों का रूप ले लेते हैं।"

विकल्प

1. सोचिए, आप क्या करना चाहते हैं? अब आपके पास दो विकल्प हैं, या तो यह सब आप खुद कर सकते हैं जिससे आप सफल भी हो सकते हैं और नहीं भी हो सकते हैं।

या

2. अगर आप जल्दी ही बेहतर परिणाम चाहते हैं तो आप बिलकुल बिना समय गवाएं मेरे साथ एक मीटिंग रखें और जानें कि आप कैसे अपना प्रोफिट दोगुना से अधिक कर सकते हैं।

आप मुझे सीधे ही **mukul@shyampack-com** पर लिख सकते हैं। आपके लिए मैं खुद सेवा करने के लिए समय निकालूंगा।

संदेश

नमस्कार साथियों,

मैं इस किताब के माध्यम से एक संदेश देना चाहता हूँ कि भारत देश में मैंने जन्म लिया है और मैं इस देश के किसी भी रूप में काम आ सकूँ, ऐसा मेरा लक्ष्य है।

मुझ में अर्जित इस ज्ञान को मेरे व्यापार जगत में कहीं भी, कैसे भी किसी के काम आ सके और उस इंसान का व्यापार जगत की बुलंदी पर पहुँचे, तो मुझे बहुत खुशी होगी।

यह किताब मेरे गुरु अक्षर जी के आशीर्वाद और पब्लिशर कम्पनी के मालिक श्री दिनेश वर्मा जी व उनकी पूरी टीम के सहयोग से आपके पास पहुँच रही है। मुझे गर्व है कि आज मेरी यह किताब आपके हाथ में है और आप इसे पढ़ कर कुछ समझ पाएंगे।

क्षणशः कणशश्चैव विद्यामर्थं च साधयेत्।
क्षणे नष्टे कुतो विद्या कणे नष्टे कुतो धनम्॥

एक एक क्षण गवाये बिना विद्या ग्रहण करनी चाहिए
एक एक कण बचा करके धन ईकट्ठा करना चाहिए,

क्षण गवाने वाले को विद्या कहाँ
कण को क्षुद्र समझने वाले को धन कहाँ

रामो विग्रहवान् धर्मस्साधुस्सत्यपराक्रमः।
राजा सर्वस्य लोकस्य देवानां मघवानिव॥

भगवान श्रीराम धर्म के मूर्त स्वरूप हैं, वे बड़े साधु व सत्यपराक्रमी हैं।

जिस प्रकार इंद्र देवताओं के नायक है, उसी प्रकार भगवान श्री राम हम सबके नायक हैं।

टिप्स

मैं आपके साथ इस किताब के माध्यम से कुछ टिप्स साझा कर रहा हूँ जिनका पालन करने से आपके जीवन में काफी परिवर्तन आएगा और ये मैं स्वयं कर भी रहा हूँ।

1. अपने आपको प्रसन्न रखिए तभी आप अपने परिवार को प्रसन्न रख पाएंगे।

2. आप खुश हैं तो आप अपने ग्राहक को भी खुश रख पाएंगे।

3. अपना लक्ष्य निर्धारित करें ताकि आप उस तक पहुँच जाएं, नहीं तो आप भ्रमित ही रहेंगे।

4. आपके पास जो भी है उसके लिए प्रभु के आभारी रहें और ज्यादा प्राप्त करने के लिए और मेहनत करें।

5. अपने व्यवहार को सदा सकारात्मक रखें।

6. अपने व्यापार की टीम से मीटिंग करें, लक्ष्य बताएं और व्यापार के काम को आपस में मिल-बांट कर करें।

7. ऊपर बताए गए टिप्स आपके तभी पूरे होंगे जब आप अपने आपको स्वस्थ रख पाएंगे और अपने आपको डेली, साप्ताहिक, मासिक स्केडुलिंग (Scheduling) पेपर पर करेंगे।

8. हरेक समस्या एक उपहार होती है- तभी हमारा विकास हो पाता है।

9. एक समय पर एक कार्य पर ही एनर्जी लगाएं, आपको अच्छे परिणाम मिलेंगे।

10. समस्या का समाधान करने वाला बनिए, समस्या खड़ी करने वाला नहीं।

11. परिवार, समाज और व्यापार की स्थिरता व प्रगति समान रूप से चलनी चाहिए।